五明祐子
永遠にカジュアル好き!
Coordinate
200

はじめまして！

モデルの五明祐子です。
雑誌やテレビでご覧いただいている方も
いらっしゃると思いますが、初めて
私のことをお知りになった方もいると思います。
このたび44歳にして、初のスタイルブックを作りました。
いつもインスタグラムやブログ、
そしてときどき雑誌で公開していた
プライベートファッションが、
こうして一冊の本にまとまりました。
発売前から「楽しみにしてます」と言ってくださった
皆さま、大変お待たせしました！
うれしさのあまり、よく考えもせずに、
〝私服コーディネート200体〟を快諾してしまったので、
それはもう、飽き飽きするほどたくさんの私が登場します(笑)。
時代を超えて愛されるベーシックをベースに、
今の自分に似合うことを追求し、年齢とともに進化した、
私なりの大人カジュアルを詰め込みました！
この本の中には、地元の湘南や
大好きな横浜ロケの写真もたくさん登場します。
楽しんでいただけるよう、全力を尽くしましたので、
どうぞ最後までご覧くださいね。

_001
ワンピース／EYED LL　キャミソール／エフユーエヌ（アイロン）　パンツ／サイベーシックス　ピアス／メゾン イエナ（ソーコ）　バッグ／雑貨店で購入　サンダル／カジャック

# CONTENTS

2 　はじめまして!

6 　*Best item* **1**
　「白アイテム」は40代の強い味方です!

18 　*Best item* **2**
　大好き「デニム」は太さの違う3本をはき分けます!

34 　*Best item* **3**
　「ぺたんこ靴」のすっきりコーデに自信あり

52 　*Best item* **4**
　冬の「コート」スタイルはおしゃれ好きの腕がなる!

62 　*Best item* **5**
　夏の「ワンピース」、脱コンサバにひと役買います

68 　*Best item* **6**
　「小物」はカジュアルをときには盛り上げ、
　ときにはこなれさせるのに重宝

| | | |
|---|---|---|
| 88 | 着こなしアイデア_01. | |

**基本は定番カラーonly！
最近は＋差し色もマイルールに**

| 100 | 着こなしアイデア_02. |
|---|---|

**「きちんと」「ワンマイル」シーンに合わせた
コーデこそ、大人は心がけたい！**

| 116 | ちょこっとヘアアレンジ！ |
|---|---|

**オトナカジュアルに似合うヘア**

| 126 | Thank you so much！ |
|---|---|

| 46 | 五明祐子のおしゃれ YES！or NO!? vol.① |
|---|---|
| | 「気に入った服はサイズ違いで購入します」 |
| 48 | 五明祐子のおしゃれ YES！or NO!? vol.② |
| | 「こなれた雰囲気を出すために、あえて『ユーズド』感のあるモノを選ぶ」 |
| 50 | 五明祐子のおしゃれ YES！or NO!? vol.③ |
| | 「同じデニムでもアクセで印象は変わります」 |
| 84 | 五明祐子のおしゃれ YES！or NO!? vol.④ |
| | 「雨の日の私！ ぬれるのを気にしなくていいアイテムを味方に」 |
| 86 | 五明祐子のおしゃれ YES！or NO!? vol.⑤ |
| | 「High & Lowのミックスでただのカジュアルとは一線を画す！」 |
| 112 | 五明祐子のおしゃれ YES！or NO!? vol.⑥ |
| | 「40代、失敗しがちな色選びについて」 |
| 114 | 五明祐子のおしゃれ YES！or NO!? vol.⑦ |
| | 「旅のシーン別は楽しくおしゃれに」 |
| 120 | 「ちょっとした心遣いに♡」湘南てみやげ |
| 122 | 五明祐子のモデル・クロニクル① non-no |
| 124 | 五明祐子のモデル・クロニクル② LEE |

# Best item 1

White item, Denim,
Flat shoes, Coat,
One-piece, Bag & Stole

## White item

# 「白アイテム」は 40代の強い味方です！

気がつくと、いつも白いトップスを着ています。
若い頃から好きでよく着ていましたが、
それは合わせやすさや清潔感に惹かれていたから。
今は断然、顔映りのよさを意識して白を選んでいます。
白いアウターやパンツは少し難易度が高いのですが、
着こなしが暗くなりがちな秋冬にはとても便利。
気負わず、さらっと着こなせたら素敵ですよね。

(右から) レースブラウス／メーヴ　コーデュロイパンツ／マディソンブルー
リブニット／スローン　ノースリーブTシャツ／サンスペル

秋/Autumn:

_002

ニットの季節にしたくなる、
白を主役にした
優しいトーンのコーディネート。
ぼやけた印象にならないよう、
黒の小物を散らして
きりっと引き締めます。

ニット／スローン　パンツ／ANEC
DOTE　メガネ／コンティニュエ（ア
イヴァン 7285）　ストール／ジョンス
トンズ　バックパック／ザ・ノース
フェイス　スニーカー／コンバース

{ item_1／White item }

冬／Winter:

_003
マント風のコートと、
ニットをオフホワイトで統一。
上にボリュームがあるぶん、
細身デニムと太ヒールの
ショートブーツで、
全身バランスを調整しました。

コート／ロク　ニット／quantisi
パンツ／リーバイス　ピアス／MIZ
UKI　リング・ブーツ／メゾン マル
タン マルジェラ　バッグ／マルニ

春／Spring:

_004
コンサバになりがちな白パンツ。
カジュアル感のある
コーデュロイ素材で、
ゆるっとした形のものなら、
私でも無理なくはきこなせます。
トップスには遊びのあるものを。

パンツ／マディソンブルー　トップス／ロク　ヘアターバン／ラ メゾン ド リリス　バッグ／エバゴス　靴／J＆M デヴィッドソン

〔 Best item_1／White item 〕

夏／Summer:

_005

真っ白いTシャツがあれば、こんな鮮やかなブルーのスカートも臆することなく取り入れられます。袖つきだと野暮ったく見える気がするから、夏は潔くノースリーブ！

Tシャツ／サンスペル　スカート／カディアンドコー　サングラス／コンティニュエ（アイヴァン 7285）　ビーズブレスレット／フィリップ オーディベール　バングル／ナバホジュエリー　バッグ／ジャーナル スタンダードで購入　サンダル／ハワイアナス

_006

ジャケットのインを、
白いニットとサロペットで
つなげて縦長ラインをつくると、
すっきり見えに効果あり。
コレいろんなコーデに
応用できる着やせテクです。

ニット／ドゥロワー　サロペット／
ザラ　ジャケット／サイ　メガネ／
エマニュエルカーン　ストール／ジ
ョンストンズ　バッグ／L.L.Bean
靴／ペリーコ サニー

_007

たまに女っぽいスカートが
はきたくなったら、
メンズライクなアイテムとの
テイストミックスで。
アイボリーのジャケットは、
重見え防止に有効です。

ジャケット／アクネ ストゥディオ
ズ　ニット／ゴールデングース デ
ラックスブランド　スカート／トー
ガ　バッグ／アニヤ・ハインドマー
チ　靴／チャーチ

{ Best item_1 ／ White item }

_008

ゆったりとしたサルエル風の
パンツなら、白でも決して
コンサバにならないから安心。
サングラスとスリッポンを
ネイビーでリンクさせ、
メリハリをつけました。

パンツ／メゾンスコッチ　カットソー／ウィム　ガゼット　サングラス／カトラー　アンド　グロス　ブレスレット（2本）／フィリップ　オーディベール、フォーエバー21　バッグ／ステラ　マッカートニー　靴／Amb

_009

夏に自宅近くのビーチで、
のんびりくつろぐ日のコーデ。
風通しのいい白ブラウスと
カットオフデニムのインには、
ハワイで買ったドット柄の
ビキニを合わせています。

ブラウス／イザベル　マラン　水着／プアラニ　リメイクパンツ／シンゾーン　帽子／KIJIMA TAKAYUKI　サングラス／オリバーピープルズ　バッグ／雑貨店で購入　サンダル／ジャックロジャース

White item:
# *White blouse*

_010

肩のところにレースを飾った、ポンチョのようなブラウスには、フレアデニムを合わせるのが好き。アクセントになる柄スカーフを頭に巻いて、リラックスした雰囲気に仕上げます。

ブラウス／ハリウッド ランチ マーケット　パンツ／エイチティーシー　スカーフ／マニプリ　バングル／プラージュ（フィリップ オーディベール）　ブレスレット／フィリップ オーディベール　バッグ／ジャーナル スタンダード レリューム　サンダル／トップショップ

_011

旅先のハワイで見つけたコンパクトな丈感のレースブラウス。カーキのワイドなハイウエストパンツに合わせたら、黒小物をスパイス役として投入。

ブラウス／メーヴ　パンツ／ジェーン スミス　バッグ／CABANABA SH×ロンハーマン　靴／レペット

〔 Best item_1 ／ White item 〕

_012
ネックラインが詰まった
比翼ブラウスと、2種類の
チェックを大胆に使った
キルトスカートの組み合わせ。
トラッドなボトムに合わせ、
少しきれいめに味つけします。

ブラウス／ラレイダ　スカート／ト
ゥモローランド(オニールオブダブリ
ン)　バングル／メゾン イエナ(ソー
コ)　靴／ミッシェル ヴィヴィアン

_013
背中にデザインポイントがある
甘めブラウスは、やっぱり
パンツ合わせが落ち着きます。
ドット柄のとろみパンツと
濃いピンクのバレエシューズで
ほんのりフェミニンに。

ブラウス／ロク　パンツ／メーヴ
靴／レペット

_014

ジャケット／ジーユー　ニット／ビームス　パンツ／アッパーハイツ　スカーフ／kinloch　靴／チャーチ

_015

カーディガン／アクネ ストゥディオズ　パンツ／レッドカード　ストール／ジョンストンズ　バッグ／雑貨店で購入　靴／ポルセリ

_016

パンツ／ロンハーマン　ニット／シンゾーン　ストール／ジョンストンズ　サングラス／レイバン　バッグ／J＆Mデヴィッドソン　スニーカー／ゴールデングース デラックスブランド

_017

スウェットトップス／アメリカーナ×LEEマルシェ　パンツ／ザラ　サングラス／カトラー アンド グロス　スカーフ／シンゾーン　左手のリング／ネリネ　ベルト／J＆Mデヴィッドソン　バッグ／ゴールデングース デラックスブランド　スニーカー／アディダス

{ Best item_1 ／ White item }

_018

カットソー／ザラ　リメイクスカート／ウィム ガゼット　サングラス／カトラー アンド グロス　ブレスレット／J＆M デヴィッドソン　バッグ／雑貨店で購入　サンダル／テバ

_019

カットソー／クロエ　古着のパンツ／サンタ モニカ　ヘアターバン／ミュールバウアー　バッグ／雑貨店で購入　サンダル／トップショップ

_020

トップス／quantisi　パンツ／ハイク　サングラス／カトラー アンド グロス　ブレスレット／ウィム ガゼット　バッグ／アニヤ・ハインドマーチ　サンダル／トーガプルラ

_021

カットソー／ludlow　パンツ・カーディガン／ザラ　ブレスレット／J＆M デヴィッドソン　バッグ／ジャーナル スタンダード レリューム　サンダル／カジャック

## Best item 2 — Denim

White item, Denim,
Flat shoes, Coat,
One-piece, Bag&Stole

# 大好き「デニム」は太さの違う3本をはき分けます！

デニムは長年の友人のような、なくてはならない存在。
本当に気に入ったものは、ボロボロになっても
長く、しつこく、大切にはき続けています。
今、出番が多いのはウエスト高めでゆるっとしたもの、
太すぎず、細すぎずのベーシックなシルエットのもの、
そしてフィット感のあるスキニーの3タイプ。
その日の気分や着たいトップスに合わせて選びます。

(右から) ゆるデニムパンツ／ゴールデングース デラックスブランド　ベーシックデニムパンツ／レッドカード　スキニーデニムパンツ／ザラ

秋／Autumn:

The thickness:
## *Wide-fit*
【ゆるっと】

_022

好きすぎて、クタクタに
なってしまった最愛デニム。
まだまだはき続けますよー。
コーディネートのポイントは、
カジュアルに見えて、
実は上質感漂う小物使いです。

デニムパンツ・スニーカー　ゴール
デングース デラックスブランド　ニ
ット　スローン　ピアス　フラッパ
ーズ（シンパシー オブ ソウル スタ
イル）　ストール　ジョンストンズ
バッグ　J&Mデヴィッドソン

[ Best item_2 / Denim ]

冬／Winter

_023

テーパードした形と短めの丈で、
はくだけで絶妙バランスに
仕上がるデニムです。
ボーダーとの定番コンビを、
ムートンやスタッズブーツで
さりげなく格上げして。

デニムパンツ／アッパーハイツ　コート／ドレステリア　ニット／H＆M　帽子／韓国で購入　ピアス／フォーエバー21　バッグ／エバゴス　ブーツ／チャーチ

春／Spring:

_024

デニムと相性のいい
カーキのコートのインに、
ボーダーニットで色みをプラス。
どこかに抜け感を出したくて、
白いバレエシューズと
エコバッグを合わせました。

デニムパンツ（_023と同じ）／アッパーハイツ　コート／オーラリー　ニット／ゲストリスト（ルミノア）　ピアス／プラージュ（ニナジェンズ）　バッグ／セントジョン　靴／ボルセリ

[ Best item_2 / Denim ]

夏／Summer:

_025

ブルーデニムとイエローの
組み合わせが大好き！
お気に入りのカラーリングが
最大の肝だから、
ほかはできるだけ
シンプルにまとめます。

デニムパンツ（_022と同じ）／ゴール
デングース デラックスブランド　ニ
ット／デミルクス ビームス　帽子／
ローラ　バングル／J＆M デヴィッ
ドソン　バッグ／シップス　サンダ
ル／ジャンヴィト ロッシ

_026

Tシャツ+デニムの鮮度を上げる、長いサッシュベルトに注目。こういう"攻め感"のある小物は、40歳を過ぎてから意識的に取り入れるようになりました。マンネリ打破に効果てきめん！

デニムパンツ（_022、_025と同じ）／ゴールデングース デラックスブランド　ジャケット／ザラ　ノースリーブTシャツ／サンスペル　ベルト／ロク　セットリング／メゾン マルタン マルジェラ　バッグ／雑貨店で購入　靴／MM⑥

_027

ハイウエストのデニムはリーバイス701。ゆるりとはきたかったので、少し大きめのサイズを選びました。オフショルのスウェットと足もとの白で軽やかに。

デニムパンツ／リーバイス　トップス／ロク　ピアス／カオル　バッグ／J＆M デヴィッドソン　スニーカー／ヴァンズ

[ Best item_2 / Denim ]

_028

ロゴTとゆるデニムの上に
羽織ったのは、くたっとした
風合いのリネンコート。
この手の羽織りものって、
季節の変わり目に重宝するから、
何枚でも欲しくなっちゃいます。

デニムパンツ(_022、_025、_026と
同じ)／ゴールデングース デラック
スブランド コート／ヤーモ Tシ
ャツ／ノーワン ベルト／サイ バ
ッグ／エバゴス 靴／ファビオ ル
スコーニ

_029

片方のヒップポケットがない
チャーミングな後ろ姿も、
このデニムの大きな魅力。
ほどよい存在感があるので、
シンプルなニット合わせでも
着こなしが決まりやすいんです。

デニムパンツ(_023、_024と同じ)
／アッパーハイツ ニット／フォル
テ フォルテ メガネ／モスコット
トウキョウ コート／オーラリー
バックパック／ザ・ノースフェイス
靴／ポルセリ

秋・冬／Autumn・Winter:

The thickness:
*Basic-type*
[ベーシックタイプ]

_030
流行を超えてはき続けられる、
すっきりとした細身の
ストレートデニム。
分量感のあるコートとニットを、
ウェッジソールのブーツが
がしっと受け止めてくれます。

デニムパンツ／レッドカード　コート／ドゥロワー　ニット／ジョゼフ　イヤリング　ザ・ダラス　バッグ／L.L.Bean　ブーツ　ステラ マッカートニー

_032

オフショルブラウスの
女っぽさを中和させたいときは、
ダメージデニムの出番。
自分に合うデニムが見つかるから、
ザラはマメにチェックしてます。
気づけば、プチプラ・コーデの完成!

デニムパンツ・ブラウス/ザラ ヘ
アターバン/フォーエバー21 ピア
ス/フラッパーズ(シャルロット ウ
ーニング) バッグ/雑貨店で購入
サンダル/トローブティキーズ

_033

似合わないと思い込んで
敬遠していたベージュピンク。
まわりにすすめられて着てみたら、
意外にもしっくりきてびっくり。
黒デニムで少しだけ辛口に
仕上げるのが今の気分です。

デニムパンツ(_031と同じ)/リーバ
イス カーディガン/ビームス(エ
イトン) Tシャツ/ジェームス パ
ース ブレスレット/フィリップ オ
ーディベール リング(2つ)/ネリ
ネ、カトラリーアンドビジュー バ
ッグ/アニヤ・ハインドマーチ ソ
ックス/パンセララ 靴/ミッシェ
ル ヴィヴィアン

[ Best item_2／Denim ]

_034

ハイウエスト、カットオフ、
フレアシルエットと、
トレンドを詰め込んだ一本。
ビッグシルエットの
トレンチを合わせたら、
足もとは素足にサンダル！

デニムパンツ／アッパーハイツ　コート／UTS PR（ジェーン スミス）ニット／スローン　バングル／メゾン イエナ（ソーコ）　リング／メゾン マルタン マルジェラ　バッグ／J＆M デヴィッドソン　サンダル／ビームス（ジル・サンダー）

_035

定番デニムに合わせたのは、
プロデュースをしているブランド
「quantisi（クワンティシ）」で手がけた
ロング丈のリネンジャケット。
きちんと感があるので、
靴はスリッポンでハズして。

デニムパンツ（_030と同じ）／レッドカード　ジャケット／quantisi　タンクトップ／THRIDDA　ブレスレット／キムアンドゾズィ　バングル／ナバホジュエリー　バッグ／セリーヌ　靴／Amb

# The thickness: Skinny
【スキニー】

秋／Autumn:

冬／Winter:

_036
白シャツ+グレースキニーの
超シンプルな組み合わせを、
大胆なフリンジ使いの
ストールでおしゃれにイメチェン。
このページはすべてザラの
スキニー、本当に使えるの！

デニムパンツ・シャツ／ザラ　スト
ール／バルバジャータ　サングラス
／オリバーピープルズ　ウエスト×ト
ゥモローランド　バングル／モニカ
カスティリオーニ　バッグ／マルニ
ブーツ／ステラ　マッカートニー

_037
スキニーデニムのブーツインは、
流行に関係なく
好きなスタイルのひとつ。
上ゆる×下ぴたのバランスって、
いつ見てもすごく
可愛いと思うんです。

デニムパンツ（_036と同じ）／ザラ
コート／サイ　ニット／シンゾーン
帽子／ハイランド2000　バッグ／J
＆M デヴィッドソン　ブーツ／ス
チュアート・ウェイツマン

{ Best item_2 ╱ Denim }

春╱Spring:

夏╱Summer:

_038

レギンス感覚ではくスキニーの
レイヤードコーデです。
フェミニンなレースワンピも、
レザーのライダースと
グレースキニーで、
ぐっとクールな表情に。

デニムパンツ(_036、_037と同じ)
／ザラ ジャケット／ショット ワ
ンピース・バッグ／MM⑥ リング
／カオル 靴／レペット

_039

オフショルはカジュアル&
ヘルシーに着るのがマイルール。
甘くなりすぎない色合わせ、
アイテムの素材にこだわります。
ウェッジサンダルの
スタイルアップ力も味方に。

デニムパンツ(_036、_037、_038と
同じ)／ザラ トップス／ザ・ダラス
ピアス／アングローバル ショップ
で購入 バングル／メゾン イエナ
(ソーコ) バッグ／センシスタジオ
サンダル／セリーヌ

デニムパンツ／ゴールデングース デラックスブランド　ブラウス／アパルトモン ドゥーズィエム クラス　ストール／ジョンストンズ　サングラス／レイバン　バッグ／セリーヌ　靴／ジミー・チュウ

デニムパンツ／リーバイス　カーディガン／オーラリー　ストール／ジョンストンズ　バッグ／雑貨店で購入　ブーツ／メゾン マルタン マルジェラ

デニムパンツ／レッドカード　コート／quantisi　ストール／ジョンストンズ　バッグ／ショップマリソル　靴／レペット

デニムパンツ／レッドカード　コート／トーガ　ニット／ドレステリア　サングラス／レイバン　バッグ／サンローラン　ブーツ／ジャンヴィト ロッシ

デニムパンツ／アッパーハイツ　コート／マディソンブルー　ニット／ビームス　ピアス／H＆M　スカーフ／kinloch　靴／チャーチ

デニムパンツ／エイチティーシー　コート／アクアスキュータム　サングラス／オリバーピープルズ　バッグ／J＆M デヴィッドソン　スニーカー／コンバース

_046

_047

デニムパンツ／アッパーハイツ　トップス／ザラ　サングラス／カトラー アンド グロス　バッグ／MM⑥　靴／レペット

デニムパンツ／リーバイス　ジャケット／ショット　ストール／ジョンストンズ　バッグ／MM⑥　靴／ミッシェル ヴィヴィアン

_048

_049

デニムパンツ／ゴールデングース デラックスブランド　カーディガン／オーラリー　シャツ／ファビアンルー　サングラス／レイバン　バッグ／セリーヌ　靴／ミッシェル ヴィヴィアン

デニムパンツ／ザラ　ワンピース／ドゥーズィエム クラス　帽子／韓国で購入　バッグ／エバゴス　靴／ポルセリ

_050

_051

デニムパンツ／ゴールデングース デラックスブランド　トップス／ザラ　バッグ／雑貨店で購入　サンダル／セリーヌ

デニムパンツ／ゴールデングース デラックスブランド　コート／ザラ　トップス／エディット フォー ルル　ベルト／Ｊ＆Ｍ デヴィッドソン　バッグ／アニヤ・ハインドマーチ　ブーツ／メゾン マルタン マルジェラ

*Best item* **3**

White item, Denim,
Flat shoes, Coat,
One-piece, Bag & Stole

Flat shoes

# 「ぺたんこ靴」の
すっきりコーデに自信あり

靴は長年「ぺたんこ」派。
足もとを気にせず、ぐんぐん歩きたいので、
つい履き心地を重視してしまいます。
年齢を重ねた今、ヒールを選ぶことも増えてきましたが、
安心できるのはやっぱりフラットシューズ。
合わせる服の丈や分量には十分こだわって、
バランスよく見える工夫を怠らないようにしています。

(右から)バレエシューズ／ポルセリ　トングサンダル／トップショップ　Tストラップシューズ／レペット　スタッズつきウィングチップシューズ／チャーチ　スニーカー／ハイク×アディダス オリジナルス

秋/Autumn:

CHEEPLEADERS

_052
このニット+パンツには
バレエシューズも合うけれど、
少しきれいめに仕上げたい日は、
ポインテッドトゥパンプスを。
サッシュベルトを使って
全身バランスを調整しました。

靴／ロートレ　ショーズ　ニット／
スローン　パンツ／サイベーシック
ス　ピアス／フラッパーズ（シャル
ロット ワーニング）　ベルト　ロク
バッグ／J＆Mデヴィッドソン

[ Best item_3 / Flat shoes ]

冬／Winter:

_053
ショートブーツの出番が
増える冬のコーディネート。
スタッズを飾った
マニッシュなサイドゴアに、
かごバッグがちょうどいい
甘さを運んでくれます。

ブーツ／チャーチ　コート／オーラ
リー　ニット／ドゥロワー　パンツ
／レッドカード　イヤリング／ザ・
ダラス　ストール／ジョンストンズ
バッグ／エバゴス

春／Spring:

_054

自分の顔とバレエシューズって相性がいいと思うので(笑)、私のコーデには絶対に欠かせないアイテムなんです。ここはメタリックなブルーで、遊び心をプラスしてみました。

靴／ポルセリ　トップス／フィルメランジェ　スカート／ザラ　3連バングル／メゾン イエナ(ソーコ)

[ Best item_3 / Flat shoes ]

_055
大好きなぺたんこヌーディ
サンダルが活躍する夏。
ストーンつきトングの
リラックス感に合わせて、
肌見せデザインの
ボーダートップスを選びました。

サンダル／トップショップ　カット
ソー／ロク　パンツ／ジーンス
ミス　ピアス／エルフォーブルで購
入　カフ／UTS PR（ジェーン スミ
ス）　バッグ／ハリウッド ランチ マ
ーケット（ラジェ）

_056
足もとに少しだけ表情を
つけたいときに便利なのが、
Tストラップシューズ。
ボリューム感のある
ロングカーデ＋ワイドパンツも
バランスよく仕上がります。

靴／レペット　カーディガン／チノ
Tシャツ／ザラ　パンツ／ジェーン
スミス　バッグ／シャネル

_057
動きやすさを重視した、
カジュアル指数高めのコーデ。
足もとはエスパドリーユで、
リラックスしたイメージに。
遠出のロケには、こんな
着こなしで出かけます。

靴／ロンハーマン　ブラウス／イザ
ベル マラン　オーバーオール／アメ
リカーナ　ブレスレット(2本)／フィ
リップ オーディベール　バッグ／
ジャーナル スタンダード レリューム

_058
スタッズをポイントにした
スポーティ厚底サンダルは、
たくさん歩く日に大活躍します。
ウエストゴムの楽ちんパンツも、
きれい見えする微光沢素材なら、
大人っぽく見えるのがうれしい。

サンダル／スーコマボニー　タンク
トップ／THRIDDA　カーディガン
／J＆M デヴィッドソン　パンツ／
ビューティ＆ユース ユナイテッドア
ローズ　バッグ／L.L.Bean

[ Best item_3 / Flat shoes ]

_059
着こなしにモードな香りを
運んでくれるサンダルです。
服は着回し力を重視して選んだ
シンプルなものが多いので、
こういうアクセント小物は
ホントに頼りになります。

サンダル／トーガプルラ　トップス
／アーロン　パンツ／リーバイス
バッグ／雑貨店で購入　コサージュ
／IN DRESS

_060
足首がのぞく丈のデニムには、
バレエシューズが好バランス。
10年以上前にパリで買った
チェックのチュニックシャツは、
今も現役で活躍している
お気に入りの一枚です。

靴／ポルセリ　シャツ／イザベル マ
ラン エトワール　パンツ・バッグ／
ザラ　ピアス／セレフィーナ

_061
女性らしい美シルエットの
ロングスカートは、
きれいにまとめると
コンサバ見えする恐れが。
おじ靴合わせでミックス
コーデを楽しむのが私流。

靴／チャーチ　ニット／ドゥロワー
スカート／マディソンブルー　スト
ール／ジョンストンズ　バッグ／サ
ンローラン

# Flat shoes: Sneakers
【スニーカー】

_062

白いスニーカーって
着こなしに軽やかな抜け感を
加えてくれるところが魅力。
ネイビーのニット＋デニムも、
クリーンな白い足もとで一気に
こなれた感じになりますよね。

スニーカー／ハイク×アディダス
オリジナルス　ニット／ゴールデン
グース デラックスブランド　パン
ツ／ハイク　帽子／シンゾーン　メ
ガネ／エマニュエルカーン　バッグ
／J＆M デヴィッドソン

_063

きれいすぎるとちょっと
テレくさいってときに役立つ
ヴィンテージ調のスニーカー。
ネイビー×オフホワイトの
ベーシックな色合わせを、
このスニーカーでハズします。

スニーカー／ゴールデングース デ
ラックスブランド　コート／ソフィ
ードール　ニット／quantisi　パン
ツ／ロンハーマン　メガネ／眼鏡市
場　ブレスレット／台湾で購入　バッ
グ／セリーヌ

[ Best item_3 ／ Flat shoes ]

_064

シンプルなIラインコーデは、
サーマルタンクやコーデュロイ
スカートの素材感がキモです。
後ろにスリットが入った
スカートを、ハイカット
スニーカーでヘルシーに。

スニーカー／コンバース　タンクト
ップ／ロク　リメイクスカート／ウ
ィム ガゼット　メガネ／スペクタク
ラーズ　ブレスレット／フォーエバ
ー21　バッグ／クレアヴィヴィエ

_065

フェイクスエードのワンピは、
両サイドに深いスリット入り。
こういう女っぽい服を、
デイリーに自分らしく
着たいときも、スポーティな
スニーカーが役立ちます。

スニーカー／ナイキ　ワンピース／
アーロン　サングラス／アイヴァン
7285　ピアス／H＆M　バックパッ
ク／ザ・ノースフェイス

43

_066

スニーカー／ゴールデングース デラックスブランド　ワンピース／H＆M　バッグ／MM⑥

_067

スニーカー／コンバース　ジャケット／ザラ　トップス・パンツ／ロク　サングラス／カトラー アンド グロス　バッグ／ステラ マッカートニー

_068

スニーカー／ゴールデングース デラックスブランド　ニット／デッド ミート　パンツ／エイチティーシー　サングラス／オリバー ピープルズ　ストール／ジョンストンズ　バッグ／J＆M デヴィッドソン

_069

スニーカー／コンバース　コート／サイ　パンツ／アッパーハイツ　サングラス／カトラー アンド グロス　ストール／ジョンストンズ　バッグ／L.L.Bean

{ Best item_3 / Flat shoes }

_070

スニーカー／コンバース　コート／ヤーモ
ニット／ユニクロ　パンツ／アメリカーナ
帽子／ロンハーマン　バッグ／メルシー

_071

スニーカー／コンバース　ブラウス／ロク
古着のパンツ／サンタモニカ　ブレスレット
／フォーエバー21　ピアス／カトラリーア
ンドビジュー　ベルト／アパルトモン　ドゥ
ーズィエム　クラス　バッグ／雑貨店で購入

_072

スニーカー／ゴールデングース デラックスブ
ランド　コート／マディソンブルー　ワンピ
ース・スカート／H＆M　ネックレス／ロン
ハーマン　バッグ／ジャーナル スタンダード
で購入

_073

スニーカー／ゴールデングース デラックス
ブランド　ジャケット／サイ　パンツ／リー
バイス　帽子／ローラ　バッグ／セリーヌ

五明祐子のおしゃれ YES! or NO!?　　vol. ① ／ size:

［サイズ違い編］

# 気に入った服は
# サイズ違いで購入します

いくつかのサイズを試着してみて、
「どっちもありだな」「どっちも使えるな」ってときは、
大小異なるサイズで数枚買うことがよくあります。
アイテムはＴシャツやカットソー、ニット、デニムなど。
普段のコーディネートに必ず役立つと思えて、
着心地や素材感や色がすごく好きなもの。
着こなしや気分に合わせて使い分けるのですが、
たとえばトップスなら一枚でゆるっと着るときと、
インナーとして着るときでサイズを替えたりします。
些細なこだわりかもしれないけれど、
コーディネートの仕上がりや見た目の印象って、
着ている服のサイズによってかなり変わると思うんです。
おすすめはザラ、Ｈ＆Ｍといった、
お値段が手頃でサイズが豊富な海外ブランドや、
メンズサイズにも気軽にトライできるユニクロ。
ファストファッション系ならサイズ違いだけでなく、
"イロチ買い"にも挑戦しやすいですよね。

好きすぎてS〜Lの3サイズを購入したザラのタンクトップ。今回はMとLの着こなしをお見せします。

_074

光沢素材のマキシプリーツ
スカートにタックインで
合わせるときは、
ゆるめのLサイズを。
袖ぐりが大きくあくので、
中にチューブトップを重ねます。

タンクトップ／ザラ　スカート／ドゥーズィエム クラス　ピアス／フォーエバー21　ベルト／アパルトモン ドゥーズィエム クラス　ブレスレット(2本)／イザベル マラン、フィリップ オーディベール　バングル／アルポ　バッグ／雑貨店で購入　サンダル／カジャック

_075

リネンコートのインに着るなら、
すっきり感を重視して
Mサイズをチョイスします。
このチャコールグレーは
手持ち服と本当に相性がよくて、
素材の肌ざわりも最高！

タンクトップ／ザラ　コート／マディソンブルー　パンツ／ザ シンゾーン　ピアス／プラージュ（ドミニクデネブ）　サンダル／セリーヌ

vol. ② / used style & item:

[ユーズド服編]

## こなれた雰囲気を出すために、あえて「ユーズド」感のあるモノを選ぶ

私の普段のコーディネートはたいていどこかに
"崩し"や"ハズし"の要素が入っていると思います。
それはたぶんコンサバへの苦手意識にも通じるのですが、
トータルで見たときにきれいに整いすぎていたり、
甘すぎたりするのがイヤなんですよね。
古着やユーズド調アイテムを使うのは、
整ったものを崩したいときのひとつの手段。
くたっとした独特の風合いが、
着こなしに自然になじみつつ、
ちょうどいいこなれ感を演出するのに役立ちます。
最近、古着を扱うセレクトショップが増えてきたのも、
ユーズド熱に拍車をかけている要因かもしれません。

used item

used item

used style

_076

ヴィンテージ風の加工が
施されたゴールデングースの
スニーカーで、カジュアル感と
こなれ感をトッピング。
これがバレエシューズだと、
私には少しだけ甘すぎるんです。

スニーカー/ゴールデングース デラ
ックスブランド タンクトップ/エ
イトン スカート/CP SHADES
×ロンハーマン サングラス/カト
ラー アンド グロス バッグ/ジャ
ーナル スタンダードで購入

_077

ミリタリージャケットと
リーバイスのブラックデニムは、
どちらも古着です。この場合は
逆にハードになりすぎないよう、
可愛いなかごバッグや、
遊びのあるアクセを合わせます。

古着のジャケット・古着のパンツ(リ
ーバイス)/ロクで購入 タンクト
ップ・靴/ザラ ピアス/セレフィ
ーナ ブレスレット/ウィム ガゼ
ット バッグ/雑貨店で購入

## 五明祐子のおしゃれ YES! or NO!? vol. ③ / accessory:

[服＋アクセ編]

# 同じデニムでも アクセで印象は変わります

「大ぶりアクセ」＋「白トップス」　　「揺れピアス」＋「美鎖骨トップス」

_078

Tシャツ感覚で着回せる
白トップスには、
揺れる大きなイヤリングと
ゴールドカフで、
ガツンとしたインパクトを。
簡単で即効性も上々です。

イヤリング／ザ・ダラス　カフ／U
TS PR（ジェーン スミス）　トップ
ス／ドレステリア　パンツ／ゴール
デングース デラックスブランド
サンダル／セリーヌ

_079

ネックラインが広めにあいた
ニットトップスは、
ダイヤモンドが輝く
繊細なピアスと好相性。
女っぽさをリンクさせつつ、
ヘルシーなイメージに。

ピアス／CPR TOKYO（セレ）　リン
グ／キューレット バイ ニュージュ
エリー（ボロロ）　ブレスレット／ティ
ファニー　トップス／アングロー
バル ショップ　パンツ（_078と同じ）
／ゴールデングース デラックスブランド
　靴／レペット

アクセサリーに目覚めたのは40歳を過ぎてから。
以前は華奢で上品なジュエリーが好きだったけど、
最近、心惹かれるのはもっぱら存在感のあるデザイン。
基本的に洋服がシンプルなので、何もつけないと
部屋着っぽく見えちゃうって気づいてから、
おしゃれの仕上げに必ず取り入れるようになりました。
いつものデニムがアクセとトップスを変えるだけで、
まったく違うイメージで着こなせるのもアクセ使いの醍醐味です。

「パール&ゴールド」＋「タートル」

「シルバーアクセ」＋「シャツ」

_080

細身のリブタートルニットに合わせたのはパールピアス。お互いのノーブルさを引き立て合う気がするんです。指にはゴールドのセットリングを。

ピアス／フォーエバー21　セットリング／メゾン マルタン マルジェラ　ニット／ドゥロワー　パンツ(_078、_079と同じ)／ゴールデングース デラックスブランド　靴／マノロブラニク

_081

私の場合、洋服に合わせてアクセを選びます。逆のパターンはないですね。クールなカーキのシャツは、シルバーアクセを重ねてテイストを統一。

ネックレス／ロンハーマン　時計／ロレックス　パールつきリング／ネリネ　2フィンガーリング／カトラリーアンドビジュー　シャツ／マディソンブルー　パンツ(_078、_079、_080と同じ)／ゴールデングース デラックスブランド　靴／チャーチ

### Best item 4
White item, Denim,
Flat shoes, Coat,
One-piece, Bag & Stole

Coat

# 冬の「コート」スタイルは おしゃれ好きの腕がなる!

洋服を買うときは着回しがきくかをじっくり考えます。
コートやアウターは、特にその点が大事。
でも、真っ先に目に入る冬の主役アイテムでもあるし、
ただシンプルなだけじゃつまらないとも思うので、
どこかに少しだけクセがあるものを選ぶことが多いですね。
そのぶん色はアレンジしやすいベーシックカラーがマスト。
着ていて落ち着くし、そこは譲れないポイントです。

(右から)ライダースジャケット／ショット　フーデッドコート／サイ　リバーシブルコート／ロク　ノーカラーコート／ドゥロワー

Coat type:
## Rider's jacket
【ライダースジャケット】

_082

着こなしにほどよいクール感を
運ぶレザーのライダース。
何年も着続けてきて、
いい感じの味が出てきました。
軽やかな柄ワンピを合わせた、
大好きな甘辛MIXコーデです。

ジャケット／ショット　ワンピース
／ザラ　バッグ／フラッパーズ（ア
ロン）　ブーツ／エンリーベグリン

[ Best item_4 / Coat ]

_083

上半身をコンパクトに
まとめたいとき、
このライダースが役立ちます。
ボリュームのある
ワイドパンツをバランスよく、
すっきり仕上げたい日はコレ!

ジャケット(_082と同じ)/ショット ニット/ドレステリア パンツ/ハイク マフラー/ロンハーマン バッグ/セリーヌ スニーカー/ゴールデングース デラックスブランド

_084

カジュアルな着こなしを、
きりっと引き締めてくれる
レザーの素材感に頼って。
袖をきちんと通すのではなく、
軽く肩にかけるように羽織ると
サマになりやすいと思います。

ジャケット(_082、_083と同じ)/ショット カットソー/ルミノア パンツ/ドゥロワー サングラス/オリバーピープルズ バッグ/J&Mデヴィッドソン スニーカー/ヴァンズ

*Coat type:*
# No-collar coat
【ノーカラーコート】

_085

適度なゆるさと上品さが両立した黒いコートは、カジュアルからきれいめまで、幅広い着こなしに対応可能。このコートでノーカラーの使いやすさに目覚めました。

コート/ドゥロワー ニット/ジャンポールノット パンツ・ブーツ/ゴールデングース デラックスブランド ピアス/フラッパーズ(シンパシー オブ ソウル スタイル) バッグ/ジャーナル スタンダード レリューム

[ Best item_4 / Coat ]

_086

私のワードローブには珍しい、
秋冬のきかせ色ボトム。
落ち着いたマスタードカラーで、
黒いコートとも相性抜群です。
かたくなりすぎないよう、
足もとはスリッポンをセレクト。

コート(_085と同じ)／ドゥロワー
ニット／セオリー　パンツ／quanti
si　サングラス／アイヴァン7285
バッグ／J＆Mデヴィッドソン　靴
／セリーヌ

_087

チェックのシャツワンピースも、
ノーカラーコートを羽織れば
ぐっと大人っぽい表情に。
バッグを斜めがけしたり
マニッシュなサイドゴアブーツで、
"ハズし"を加えるのがコツです。

コート(_085、_086と同じ)／ドゥ
ロワー　ワンピース／エフユーエヌ
(フォンデル)　バッグ／セリーヌ
ブーツ／チャーチ

_088

このマント風コート、
実は茶×白のリバーシブル
(_003では白を表に着用)。
裾広がりのボリューミーな
シルエットだから、タイトな
ニットワンピとグッドバランス。

コート／ロク　ワンピース／H＆M
ピアス／メゾン イエナ(ソーコ)　バッグ／マルニ　ブーツ／フラッパーズ(ネブローニ)

_089

ダークネイビーのコートは、
ピーコートをビッグサイズに
したようなデザイン。
インを白でつなげて、
重くならないようにしつつ、
すっきり見えを狙いました。

コート／マディソンブルー　ニット／ドゥロワー　パンツ・バッグ／セリーヌ　ピアス／フラッパーズ(シンパシー オブ ソウル スタイル)　タイツ／フォーガル　靴／チャーチ

[ Best item_4 / Coat ]

_090
ハリがあるボンディング素材の
カーキコートは、秋口から
春先まで大活躍する一着です。
このコートにはネイビーを
合わせるのが好きみたいで、
気がつくとこの色合わせに。

コート／サイ　スニーカー
／ゴールデングース デラックスブラン
ド　パンツ／ザ シンゾーン　ス
トール／ジョンストンズ　バッグ／
L.L.Bean

_091
トレンチよりラフに着られる
コートを目指して作った、
お気に入りの一着。
ノーカラーで袖が短いから、
中に着るアイテムで
がらっと表情が変わります。

コート／quantisi　ニット／H＆M
パンツ／リーバイス　ピアス／プラ
ージュ（ドミニクデネブ）　バッグ／
エバゴス　ソックス／ブルーフォレ
靴／ロートレ ショーズ

_092

コート／サイ　スウェットトップス／アメリカーナ×LEEマルシェ　パンツ／ユニクロ　バッグ／エバゴス　ブーツ／ジミー・チュウ

_093

コート／マディソンブルー　ニット／H＆M　パンツ／リーバイス　バッグ／ショップマリソル　靴／レペット

_094

コート／quantisi　パンツ／レッドカード　サングラス／オリバーピープルズ　バッグ／マルニ　靴／ポルセリ

_095

コート／ドゥロワー　ニット／quantisi　パンツ・ソックス／ゴールデングース デラックスブランド　ストール／ジョンストンズ　バッグ／エバゴス　靴／イザベル マラン

{ Best item_4 / Coat }

_096

コート／アクアスキュータム　パンツ／ドレステリア　ストール／ジョンストンズ　バッグ／エバゴス　靴／レペット

_097

コート／ロク　ニット／ノット　パンツ／リーバイス　バッグ／雑貨店で購入　サンダル／ピッピシック

_098

ジャケット／ショット　トップス／フィルメランジェ　スカート／アーロン　ピアス／H&M　ベルト／ロク　バッグ／J&Mデヴィッドソン　靴／ザラ

_099

コート／ドゥロワー　ニット／ザラ　スカート／quantisi　サングラス／レイバン　バッグ・ブーツ／セリーヌ

*Best item*

White item, Denim,
Flat shoes, Coat,
One-piece, Bag & Stole

# 5
## One-piece

# 夏の「ワンピース」、脱コンサバにひと役買います

ワードローブを見渡してみると、軽い素材で
丈の長いワンピースがたくさんあって、
なかにはもう何年も前から愛用しているものも。
これにぺたんこサンダルを合わせて、
薄手のストールや羽織りものを持ってっていうのが、
私の夏の定番スタイルになっています。
ロング丈で脚が隠れるぶん、
デコルテや腕は肌を出して、
暑苦しく見えないよう気を配ります。

(右から)カシュクールワンピース/ロク　ベアワンピース/スクープ　キャミワンピース/Gap　カットソーワンピース/アクネ ストゥディオズ

_100

何を着ようか考えるのも
面倒な猛暑日は、
ワンピースで決まり。
涼しげな素材のハットや
バッグ、ヌーディなトング
サンダルですっきりシンプルに。

ワンピース／Gap　帽子／ロンハーマン　バングル／アルポ　ブレスレット(2本)／フィリップ オーディベール　バッグ／雑貨店で購入　サンダル／トローブティキーズ

_101

少しだけ光沢のある
リネン混ワンピースに、
同色のサッシュベルトをプラス。
今っぽさが加わって、
バランス力もアップするので、
試す価値あり、ですよ。

ワンピース／Gap　サングラス／コンティニュエ(アイヴァン7285)　ベルト／ヌキテパ　ストール／ファリエロ サルティ　バングル／メゾン イエナ(ソーコ)　バッグ／ケイト・スペード　サンダル／セルジオ・ロッシ

〖 Best item_5 ／ One-piece 〗

_102
とろみのあるカットソー素材の
ワンピースは、合わせる小物で
カジュアルにもきれいめにも
対応できる便利な一枚。
シワになりにくいので、
旅行にも重宝します。

ワンピース／アクネ ストゥディオ
ズ　カーディガン／J＆M デヴィ
ッドソン　ピアス／MIZUKI　バッ
グ／L.L.Bean　サンダル／スーコ
マボニー

_103
きれいなグラデーションカラーに
心惹かれて購入した
ベアタイプ。肌の露出が
多いデザインだから、
女っぽくなりすぎないよう、
ナチュラルな小物合わせで。

ワンピース／ネル バイ sj　ピアス
／エルフォーブルで購入　バッグ／
ラウンジドレスで購入　サンダル／
カジャック

_104

ふんわり軽い素材を使った
プリントワンピも実は大好物。
気に入ったものはとことん
着続けるので、これなんてもう
肩ひもの先がほつれてきてます。
それでも手放せないのー。

ワンピース／モニカビアンコ　ジャ
ケット／ロク　カフ／UTS PR(ジェ
ーン スミス)　バッグ／フラッパー
ズ(アロン)　サンダル／カジャック

_105

こちらは比較的新しい
シルクのカシュクールタイプ。
一枚でも着られるし、
羽織りとしても優秀です。
キャミ＋デニムに重ねれば、
いつもと違う表情が楽しめます。

ワンピース／ロク　ニットキャミソ
ール・パンツ／ザラ　ヘアーバン
／エルフォーブル　ネックレス／MI
ZUKI　バングル／ダフネ　バッグ
／ジャーナル スタンダード レリュ
ーム　サンダル／トップショップ

[ Best item_5 / One-piece ]

_106

エスニックな柄のベアワンピは、安心安全の裏地つき。これだけだとリゾートっぽく見えてしまうので、外出時は冷房対策にもなるカーディガンを肩がけ。

ワンピース／スクープ　カーディガン／スローン　サングラス／コンティニュエ(マックス・ピティオン)　ピアス／MIZUKI　バッグ／雑貨店で購入　サンダル／ジャックロジャース

_107

丈の長いワンピースとレイヤードするデニムは、やっぱりスキニーがベスト。"長×太"も好きだけど、簡単にバランスよく仕上げたい日はコレ。

ワンピース・ベルト／ロク　パンツ／ザラ　ヘアターバン／ミュールバウアー　イヤリング／シャルロット・シェネ　かごバッグ／雑貨店で購入　トートバッグ／イザベル マラン　靴／バッグレリーナ

### Bag & Stole

# 「小物」はカジュアルをときには盛り上げ ときにはこなれさせるのに重宝

おしゃれを楽しむうえで、
小物の大切さに気づいたのはいつ頃だっただろう。
いろいろなファッションを経験した今、
小物についても好きなもの、似合うもの、
必要なものとそうでないものが、
しっかり区別できるようになってきました。
私の場合、着こなしの仕上がりは
バッグとストールにかかっていることが多くて、
そこが決まると気分よく家を出られるんですよね。

(右から)かごバッグ／雑貨店で購入　メッシュバッグ／ヌキテパ　チェックストール／ジョンストンズ　イエローストール／ドゥース・グロワール　ショルダーバッグ／セリーヌ

Bag type:
# Basket
【かごバッグ】

_108

かごバッグがもつ
〝脱力感〟のようなテイストが、
たまらなく好き。
季節や流行に関係なく、
私のコーディネートに
なくてはならないものです。

バッグ／雑貨店で購入　ベージュワンピース／ロク　柄ワンピース／モニカビアンコ　イヤリング／アーバンリサーチ（ラダ）　サンダル／セルジオ・ロッシ

_109

素材やデザインによっては
夏限定のかごバッグも多いなか、
「エバゴス」の活躍ぶりは
まさにシーズンレス。
厚手のコートやニットにも
難なくフィットします。

バッグ／エバゴス　コート／quantisi　ニット／ドゥロワー　パンツ／マディソンブルー　帽子／韓国で購入　ピアス／フラッパーズ（シャルロット ウーニング）　スニーカー／コンバース

{ Best item_6 / Bag & Stole }

 _110
かごバッグコレクション、
いちばんの新入りはストラップの
スカーフ使いがポイントに。
ハイウエストデニムの
洗練ある着こなしの
ハズし役として活躍中。

バッグ／ラウンジドレスで購入　ブラウス／アパルトモン ドゥーズィエム クラス　パンツ／ロク バングル／メゾン イエナ(ソーコ)　靴／バッグレリーナ

 _111
コーデにポイントが必要なとき、
このストライプの
かごバッグが役に立ちます。
容量たっぷりのサイズなので、
荷物を詰め込みすぎて
重くなってしまうのが玉にきず。

バッグ／センシスタジオ　ブラウス／フォルテ フォルテ　パンツ／リーバイス　サングラス／カトラー アンド グロス　カフ／UTS PR(ジェーン スミス)　靴／スーパー エー マーケット

Bag type:

# Luxury

【格上げバッグ】

_112

着こなしのきれいめ仕上げには上質なバッグが欠かせません。ブランドの確かな格上げ力に頼りたい日もありますよね。カジュアルコーデも小物使いでここまで大人っぽく。

バッグ／セリーヌ　ニット／ユニクロ　パンツ／ハイク　ストール／ジョンストンズ　ベルト／J＆Mデヴィッドソン　靴／ミッシェル ヴィヴィアン

_113

合わせる服の色を選ばないシルバーのミニショルダー。装いになじみつつアクセントにもなってくれます。靴やアクセも同色でそろえて統一感を出しました。

バッグ／アニヤ・ハインドマーチ　ブルゾン／ザラ　ワンピース／アクネ ストゥディオズ　ブレス(2本)／フィリップ オーディベール　靴／J＆Mデヴィッドソン

_114

普段、小さなショルダーを斜めがけにするのが好き。それだけで全体がほどよくカジュアルになると思うんです。3つのポーチが合体したようなこのバッグは旅にもおすすめ。

バッグ／セリーヌ　コート・ニット／ドゥロワー　リメイクパンツ／シンゾーン　ストール／ジョンストンズ　ブーツ／ステラ マッカートニー

[ Best item_6 / Bag & Stole ]

_115
とてもソフトなレザートートは、くたっとした表情が魅力。タンクトップ＋ワイドパンツのシンプルな組み合わせには、バンダナスカーフを結んで華やかさを足します。

バッグ／セリーヌ　タンクトップ／ザラ　パンツ／アンルート　帽子／ロンハーマン　バングル／フォーエバー21　スカーフ／シンゾーン　靴／MM⑥

_116
大人の女性らしさが香るボルドーの巾着タイプ。服を地味色でまとめて、バッグで色を差すコーディネートは、普段からよくやる定番テクです。

バッグ／J＆M デヴィッドソン　ブラウス／マダムアパリ　パンツ／MM⑥　靴／レペット

_117
大きめのトートは、落ち着いた印象のカーキ色。夏の終わり頃から出番が増える一品です。相性のいいデニムに合わせて持つことが多いですね。

バッグ／J＆M デヴィッドソン　トップス／ドレステリア　パンツ／ゴールデングース デラックスブランド　ストール／アメリカンアパレル　サングラス／オリバーピープルズ　ブレスレット(2本)／Minerva　靴／ファビオ ルスコーニ

Bag type:
# Casual
【カジュアルバッグ】

**_118**
サイズ違いでいくつも持ってるL.L.Beanのキャンバストート。あえてド定番の服に合わせ、ストールの巻き方やトップスの裾処理といったディテールで、自分色に仕上げます。

バッグ／L.L.Bean　カットソー／ルミノア　パンツ／レッドカード　帽子／韓国で購入　ストール／ジョンストンズ　ブレスレット／ブラージュ（フィリップ オーディベール）バングル／フラッパーズ（シンパシー オブ ソウル スタイル）靴／チャーチ

**_119**
コートもデニムもかたくてダークなので、エコバッグで力を抜く感じ。私のおしゃれに必要な"ゆるさ"を、こういう小物使いで表現したりもします。

バッグ／ニューヨークのお土産　コート／サイベーシックス　ニット／スローン　パンツ／ザ シンゾーン　メガネ／コンティニュエ（トーマス マイヤー）　ピアス／フォーエバー21　スニーカー／コンバース

{ Best item_6 ／ Bag & Stole }

_120
リラックスしたムードが漂う
メタリック色のメッシュバッグ。
タイトなリブニットワンピの
女っぽい雰囲気を、
このバッグの存在感が
ちょうどよく崩してくれます。

バッグ／ヌキテパ　ワンピース・レギンス／H＆M　ヘアターバン／ロンハーマンで購入　ベルト／アパルトモン　ドゥーズィエム クラス　靴／ザラ

_121
フリンジが揺れるスエード
バッグは、くたっとした質感と
フォルムが今の気分にぴったり。
これを合わせるだけで、
着こなしのこなれ感が
ぐんと上昇するんです。

バッグ／ジャーナル スタンダード レリューム　トップス／ドレステリア　パンツ／H＆M　チェックシャツ／ドゥーズィエム クラス　ピアス／ダニージョ　サンダル／カジャック

_122

_123

バッグ／MM⑥　コート／ロク　パンツ／レッドカード　ブーツ／ゴールデングース デラックスブランド

バッグ／雑貨店で購入　トップス・パンツ／ロク　ストール／ロンハーマン　ブレスレット／エルメス　サンダル／ハワイアナス

_124

_125

バッグ／アニヤ・ハインドマーチ　ジャケット／アパルトモン ドゥーズィエム クラス　ニット／ザ シークレットクロゼット　パンツ／エリザベスアンドジェームス　サングラス／オリバーピープルズ　スニーカー／ハイク×アディダス オリジナルス

バックパック／ザ・ノースフェイス　ニット／ロンハーマン　パンツ・靴／セリーヌ　メガネ／ush＋ek　ストール／ジョンストンズ

_126

_127

バッグ／セリーヌ　コート／ソフィードール　パンツ／ゴールデングース デラックスブランド　ブーツ／チャーチ

バッグ・パンツ・ソックス／ゴールデングース デラックスブランド　コート／ステラ マッカートニー　ニット／ロンハーマン　靴／ルパート サンダーソン

_128

_129

バッグ／ゴールデングース デラックスブランド　コート／マディソンブルー　パンツ／アッパーハイツ　ストール／ファリエロ サルティ　靴／MM⑥

バッグ／クレアヴィヴィエ　ジャケット／ザラ　Tシャツ／ビューティ＆ユース　パンツ／エリザベスアンドジェームス　サングラス／カトラー アンド グロス　ブーツ／ステラ マッカートニー

_130

_131

バッグ／エバゴス　ニット／アクネ ストゥディオス　パンツ／エリザベスアンドジェームス　ストール／ジョンストンズ　靴／レペット

バッグ／雑貨店で購入　タンクトップ／ザラ　パンツ／quantisi　ベルト／J＆M デヴィッドソン　サンダル／ハワイアナス

_132

_133

バッグ・靴／ヌキテパ　古着のジャケット／ロク　タンクトップ／ザラ　古着のパンツ／リーバイス　ヘアターバン／ラ メゾン ド リリス

バッグ／ジャーナル スタンダードで購入　シャツ／ユニクロ　古着のパンツ／リーバイス　サングラス／カトラー アンド グロス　靴／J＆M デヴィッドソン

77

Stole type:
# Check
【チェックストール】

_134

若い頃からずっと好きな、
ストール+辛口アウター+
ニット+レーススカート+
ブーツの組み合わせ。
この場合のストールは、
無地ではなく絶対にチェック！

ストール／ジョンストンズ　コート／サイベーシックス　ニット／スローン　スカート／アパルトモン ドゥーズィエム クラス　帽子／ハイランド2000　バッグ／セリーヌ　ブーツ／メゾン マルタン マルジェラ

[ Best item_6／Bag & Stole ]

_135

これがあれば寒い季節も大丈夫、と思わせてくれる大判ストール。肌寒くなる秋の始まりは、
アウター代わりにぱっとひと巻き。白いロングシャツのアクセントとして赤×黒を投入することが多いかな。

ストール／ジョンストンズ　シャツ／チノ　パンツ／レミ レリーフ　ピアス／アーバンリサーチ（ジョーダン サムヴィレ）　スニーカー／ゴールデングース デラックスブランド

Style type:
## *Plain*
【プレーンストール】

_136
きちんとした装いにも使える
ネイビーの無地ストール。
服も小物も定番色でまとめるときは、
カシミアの上質な素材感で
変化をつけるのが
地味色好きの常套手段です。

ストール／ジョンストンズ　ニット
／アクネ ストゥディオズ　パンツ／
ユニクロ　イヤリング／アーバンリ
サーチ(ラダ)　バッグ／エマミマ
ブーツ／スチュアート・ウェイツマ
ン

[ Best item_6 ／ Bag & Stole ]

_137
私の手持ち服と好相性な
イエローのストールは、
華やかさを盛りたいときに便利。
顔映りもいいし、大人にも
取り入れやすいきれい色小物の
筆頭だと思います。

ストール／ドゥース・グロワール
ニット／ドゥロワー　パンツ／サイ
ベーシックス　メガネ／コンティニ
ュエ（アイヴァン7285）　リング／キ
ューレット バイ ニュージュエリー
（ポロロ）　バッグ　J&Mデヴィッ
ドソン　スニーカー　コンバース

_138

ストール／ジョンストンズ　ニット／J＆M デヴィッドソン　パンツ／ザラ　バッグ／クレアヴィヴィエ　ブーツ／エイチティーシー

_139

ストール／ジョンストンズ　コート／マディソンブルー　ニット／ドゥロワー　パンツ／リーバイス　バッグ／サンローラン　靴／セリーヌ

_140

ストール／ジョンストンズ　コート／ドレステリア　ニット・パンツ／ザラ　ヘアターバン／ロンハーマン　バッグ／サンローラン　スニーカー／ハイク×アディダス スタイルス

_141

ストール／ドゥース・グロワール　ニット／アクネ ストゥディオズ　古着のパンツ／サンタモニカ　サングラス／オリバーピープルズ　ベルト／J＆M デヴィッドソン　バッグ／セリーヌ　ブーツ／ジャンヴィト ロッシ

{ Best item_6 / Bag & Stole }

_142

ストール／ジョンストンズ　ニット／ザラ
パンツ／ディーホリック　バッグ／セリーヌ
ブーツ／チャーチ

_143

ストール／ファリエロ サルティ　ニット・
靴／ザラ　パンツ／ドリス ヴァン ノッテン
サングラス／レイバン　ピアス／MIZUKI
バッグ／アナベルインガル

_144

ストール／ジョンストンズ　シャツ／チノ
レギンス／ユニクロ　バッグ／J＆M デヴィ
ッドソン　ブーツ／ジャンヴィト ロッシ

_145

ストール／ジョンストンズ　コート／マディ
ソンブルー　パンツ／エディット フォー ル
ル　バッグ／エバゴス　ブーツ／ステラ マッ
カートニー

[ レ イ ン 対 策 の お し ゃ れ 編 ]

## 雨の日の私！
## ぬれるのを気にしなくていい
## アイテムを味方に

おしゃれをすることは大好きだけど、
ガマンをしたり、動きづらいのはムリ。
痛い、重い、きついのはもってのほかだから、
靴はぺたんこ、荷物は少なめ、形はゆるっとが基本です。
そんな私の雨の日の気持ちを救ってくれるのは、
ぬれても気にならない素材のアイテム。
本格的な防水仕様というよりは、
あくまで普段にも使えるという視点で選びます。
なかでも靴、バッグ、アウターは、
雨に強いものを常にいくつかラインナップ。
ついブルーになりがちな雨の日も、
気分よくさっそうと出かけられるよう準備しています。

_146
暖かい合皮のムートン
ジャケットは、雪の日も大活躍。
はっ水加工のトートバッグと、
レザーなのに水に強いという
チャーチのブーツで、
雨支度は完璧です。

ジャケット／ザラ　バッグ／マッキントッシュ フィロソフィー　ブーツ／チャーチ　Tシャツ／ゲストリスト(ハピネス)　パンツ／エリザベス アンド ジェームス　ストール／ジョンストンズ

_147
梅雨シーズンの
雨対策はこんな感じ。
PVC素材のボストンバッグと、
レインブーツが重宝します。
イエローのカーデと
ヒョウ柄の傘がアクセント。

バッグ／ティラマーチ　ブーツ・カーディガン／J&M デヴィッドソン　傘／トラディショナル ウェザーウェア　シャツ／アクネ ストゥディオズ　パンツ／ミューズ ドゥ ドゥーズィエム クラス　ピアス／ダニージョ　ネックレス／MIZUKI

五明祐子のおしゃれ YES! or NO!?　　vol. ⑤ / high & low:

[ハイ & ロー編]

## High & Low のミックスで
## ただのカジュアルとは一線を画す！

_148

小さくて愛らしいシャネルのチェーンバッグは、母から譲り受けたもの。
ザラのブラウス＋デニムのデイリーコーデに、このバッグで大人っぽさを加味します。

バッグ／シャネル　ブラウス／ザラ　パンツ／リーバイス　ソックス／H＆M　靴／ルパート サンダーソン

カジュアル服の格上げと引き締めに、
ブランドものの力を借りるのは、
大人ならではのおしゃれ術ですよね。
漂う上質さや主張のあるデザインは、
持つ人に確かな安心感と自信をくれると思います。
プチプラの"Low"アイテムも大好きだけど、
それだけでは何か足りないなってとき、
小さくても抜群の存在感を放つ"High"を投入します。

_149

アクセント力と合わせやすさを両立したマルニのクラッチ。このH＆Mのワンピをはじめ、
私のワードローブのほぼすべての服に合うんじゃない？って思えるほど使えます。買ってよかった！

バッグ／マルニ　ワンピース／H＆M　パンツ／ザラ　帽子／クライド　ベルト／ロク　靴／レベット

| 着こなしアイデア | idea: *01.* | theme: *Color* |

# 基本は定番カラーonly！
# 最近は＋差し色も
# マイルールに

着ていて落ち着くのは断然、地味色。
手持ち服の9割以上がネイビー、グレー、黒、
ベージュ、カーキ、白といったベーシックカラーです。
でも、それだけだと本当に、ただの地味な人で
終わってしまう恐れもあって。
それを防ぐためにも、定番色同士を組み合わせるときは、
素材感や肌見せバランスをしっかり計算します。
くすんで見えるのは避けたいお年頃でもあるので(笑)、
ここ数年は明るさや華やかさといった要素を、
色で取り入れることも増えてきました。
バッグ、靴、ストールなどの小物から始まって、
最近ではきれい色の洋服にも果敢に挑戦中。
私なりの差し色使いが板についてきたと思っています。
そうやって少しずつ、おしゃれを進化させて、
今の自分に合うスタイルを確立させてきました。

color combination:
# Navy × Beige

_150

昔からネイビーとベージュの組み合わせに目がありません。リネンシャツ+コーデュロイのリメイクスカートは、斜めがけしたバッグとぺたんこサンダルで脱コンサバ!

シャツ/マディソンブルー リメイクスカート/ウィム ガゼット サングラス/アイヴァン 7285 ピアス/フラッパーズ(シンパシー オブ ソウル スタイル) バングル/メゾン イエナ(ソーコ) バッグ/セリーヌ サンダル/セルジオ・ロッシ

〔 Styling idea_01. ／Color 〕

_151

アウターのインを同色でつなぐ、
私の得意なコーデ。
ビッグサイズのトレンチで、
今どきバランスを意識しました。
デニムと靴の間には、淡い
ベージュのソックスを挟みます。

コート／UTS PR(ジェーン スミス)
ニット／ロンハーマン　パンツ／エ
ディット フォー ルル　スカーフ／
エルメス　バッグ／エバゴス　靴／
ルパート サンダーソン

_152

ベージュのトップス選びは、
顔色がよく見える色みに
徹底的にこだわります。
ネイビーの美シルエット
パンツを合わせたら、足もとは
スニーカーでカジュアルに。

シャツ／キーロ(スタジオ ニコルソ
ン)　パンツ／サイベーシックス　メ
ガネ／エマニュエルカーン　バッグ
／J＆M デヴィッドソン　スニーカー
／ハイク×アディダス オリジナルス

color combination:
# One-tone

_153

グレーのグラデーションでまとめたワントーンコーデです。ムートンコートやモヘアニットなど、表情のある素材を選ぶのが、単調に見えないコツ。

コート ドレステリア ニット ロンハーマン パンツ ザラ イヤリング アーバンリサーチ(ラダ) バッグ サンローラン スニーカー ナイキ

{ Styling idea_01. ／ Color }

_154
ちょっとしたパーティへも
行けそうな、オール黒の
きれいめコーディネート。
たまにはピンヒールの
パンプスだって履きますよ、
いい大人なんですから。

トップス／メゾン マルタン マルジ
ェラ　パンツ・靴／セリーヌ　バン
グル／J＆M デヴィッドソン　バッ
グ／マルニ

_155
ベージュ同士の組み合わせは、
コンサバに見えないよう、
細心の注意を払います。
カジュアル感のあるアイテムや
ベージュのトーンを厳選し、
ぺたんこ靴で抜け感をプラス。

ブラウス／ロク　リメイクスカート
（_150と同じ）／ウィム ガゼット
バッグ／シップス　サンダル／カジ
ャック

Point color:
# Green & Yellow

_156
鮮やかなグリーンのサンダルを、
ロングカーデと足首丈の
ワイドパンツに合わせました。
色の分量が少ない
ヌーディなデザインながら、
差し色効果は抜群です。

サンダル／セリーヌ　カーディガン／
チノ　トップス／ドレステリア　パ
ンツ／アンルート　バッグ／シップス

_157
顔に近いトップスで
色ものを取り入れるときは、
納得いくまで何度でも
試着を繰り返します。
このグリーンのモヘアニットは、
そんな厳しい審査を通過した一枚。

ニット／オーラリー　ワンピース／
ザラ　ピアス／フラッパーズ（シン
パシー オブ ソウル スタイル）　バッ
グ／J＆M デヴィッドソン　ブー
ツ／エンリー ベグリン

{ Styling idea_01. ／Color }

_158

定番服のアクセントに
使うことが多いから、
差し色アイテムは
ぱきっとした発色のものが好き。
なかでもこのイエローバッグは、
文句なしの存在感が魅力です。

バッグ／アナベルインガル　ブラウス／イザベル　マラン　エトワール　キャミソール／アパルトモン　ドゥーズィエム　クラス　パンツ／ドリス　ヴァン　ノッテン　ピアス／ダニージョ　サンダル／セリーヌ

_159

バッグと一緒にラフに
持つだけでもポイントになる、
きれい色ストール。
コーディネートが地味だなと
感じたとき、簡単にできる技で
即効性も言うことなし。

ストール／ドゥース・グロワール　ジャケット／ロク　ビューティ＆ユース（ロク）　ニット／スローン　パンツ／レッドカード　帽子／ニューエラ　バッグ／サンローラン　スニーカー／ゴールデングース　デラックス　ブランド

95

Point color:
# Pink & Blue

_160

ネイビーのニットワンピースと
デニムのレイヤードルックに、
ピンク×黒配色のクラッチ。
荷物が多い日は、
これに容量たっぷりの
エコバッグをプラスします。

バッグ／セリーヌ　ワンピース／H
＆M　パンツ／ザラ　サンダル／セ
ルジオ・ロッシ

_161

ビビッドなピンクのスカートは、
薄軽シルク素材ですが、
季節を問わず使えます。
少しきれいめに着てみたくて、
テーラードジャケットと
上品な黒小物を合わせました。

スカート／ロンハーマン　ジャケッ
ト／サイ　ニット／ドゥロワー　バ
ッグ／シャネル　靴／レペット

[ Styling idea_01. ／Color ]

_162

デニムを着慣れているせいか、地味色派の私でも抵抗なく手が出せるブルー。少しくすんだ色調のクルーニットは、手持ちの定番ボトムと相性抜群です。

ニット／フォルテ フォルテ　スカート／quantisi　ヘアターバン／ハットアタック　バッグ／ドゥロワー　ブーツ／ステラ マッカートニー

_163

ふんわりボリューミーで気楽にはける、きれいなブルーのマキシスカート。スウェットやTシャツでリラックス感のある着こなしに仕上げるのが好きですね。

スカート／カディアンドコー　トップス／ハイク　ブレスレット(2本)／フィリップ オーディベール　バッグ／コントロール フリーク　靴／ポルセリ

Point color:
# metallic

_164
コーディネートに少しだけ
エッジをきかせたいとき、
メタリック小物が役立ちます。
男の子っぽいプレッピーな
スタイルのハズし役は、
シルバーのおじ靴。

靴／ファビオ ルスコーニ　ジャケット（_161と同じ）／サイ　トップス／アメリカーナ×LEEマルシェ　パンツ／ゴールデングース デラックスブランド　帽子／H＆M　マフラー／ロンハーマン　バッグ／エバゴス　ソックス／靴下屋

_165
玉虫色に輝くロングプリーツ
スカートは、ざっくりとした
ニットとの異素材ミックスで。
エコバッグとスニーカーを
合わせて、カジュアルに
着崩すのが私っぽさの決め手。

スカート／アクアガール　ニット／デッド ミート　ピアス／フラッパーズ（シンパシー オブ ソウル スタイル）　バッグ／セントジョン　タイツ／タビオ　スニーカー／ゴールデングース デラックスブランド

{idea_01./Color}

_166

ギラギラしすぎない上品な
ゴールドを、バッグと靴の
2カ所に投入。透け感のある
ワンピのインには、白ではなく
デニムにつながる濃色キャミを
合わせるのが、こなれのコツ。

バッグ／ケイト・スペード　靴／バッグレリーナ　ワンピース／イザベル マラン エトワール　パンツ／ザラ　リング／キュレット バイ ニュージュエリー(ボロロ)

_167

動きやすさ重視の日は、
こんな装いで出かけます。
斜めがけにしたシルバーの
ショルダーバッグは、
目にするだけで気分もアガる
キュートなパンチング入り。

バッグ／アニヤ・ハインドマーチ　タンクトップ／THRIDDA　オーバーオール／アメリカーナ　シャツ／ドゥーズィエム クラス　スニーカー／コンバース

着こなしアイデア　idea: 02.　theme: Scene

# 「きちんと」「ワンマイル」
# シーンに合わせたコーデこそ、
# 大人は心がけたい！

30代の初めまで、おしゃれはカジュアル一辺倒でした。
息子の学校行事にしても
きちんとした装いが求められる場面なんて、
本当にごくたまにしかなかったし、
日常的に着られるベーシックな服だけで
十分事足りていましたから。
でも30代も後半になり、仕事や活動の場が広がって、
行く場所や会う人が少しずつ変わってきたのを機に、
「このままではマズい」と思いだして。
そこからファッションのTPOっていうのを、
意識するようになりましたね。
これまでのページでご紹介してきたのが、
いつものデイリーな着こなしだとしたら、
ここから登場するのは〝ちょっと気張ったおしゃれ〟と、
とてもラフな〝休日仕様の格好〟です。
五明祐子のさらなるおしゃれワールドをお楽しみください。

scene:neat
# elegant
## style

_168

夜のお出かけを想定した、ドレッシー気分の着こなしです。透けるブラウスはありきたりの黒ではなく、シックなブラウン。ツイード調パンツで、マニッシュにまとめ上げます。

ブラウス／UTS PR（ジェーン スミス）　キャミソール／デミルクス ビームス　パンツ／マディソンブルー　ピアス／スピック＆スパン（シーウォージー）　ファーストール／ブラージュ（ガシュロウアンドコール）　バッグ／ジオン商事（ドレスレイブ／メゾンボワネ）　靴／レペット

[ Styling idea_**02.**／Scene ]

_169
どこへでも気後れせずに行ける
きちんと感と、ほどよい
モード感が魅力の紺ワンピ。
子どもの学校行事とか、
まじめな場面にもぴったりです。
ウチの息子、もう社会人ですけど。

ベルトつきワンピース／ハイク　カ
フ／スピック＆スパン（ソーコー）
バッグ／セリーヌ　靴／ミッシェル
ヴィヴィアン

scene:neat
# elegant
## style

_170

きれいなフレアシルエットが
自慢のスカートを使った、
上品なベージュのワントーン。
足もとは透けないネイビーの
タイツ+足首ストラップの
太ヒールパンプスです。

ニット／ジョゼフ　スカート／韓国
で購入　ピアス／MIZUKI　バング
ル／サンローラン　バッグ／J＆M
デヴィッドソン　靴／ルパート サ
ンダーソン

_171

このニットワンピースは、
合わせるアイテムによって
表情が変わる超便利アイテム。
しっとり大人の女らしく
いきたい日は、レースの
ロングスカートを重ねて。

ワンピース／H＆M　スカート／ア
パルトモン ドゥーズィエム クラス
ヘアーターバン／Indira de Paris　バッ
グ／マルニ　靴／MM⑥

〔 Styling idea_02. ／Scene 〕

_172

ちょい遊びをきかせた
大人のショーパンスタイル。
日焼けした肌で
着こなすのが似合うと思うので、
バカンス先でのディナー
シーンがしっくりくるかな。

トップス／アーロン　パンツ／OD
EEH　カフ／UTS PR(ジェーン ス
ミス)　バッグ／CABANABASH×
ロンハーマン　サンダル／セリーヌ

_173

夏のモードな黒コーデ。
腕や足もとの肌見せで、
軽やかさを演出します。
おしゃれにうるさい女友達と
会う約束がある日などに、
こういう着こなしを選びます。

トップス／メゾン マルタン マルジ
ェラ　パンツ／エリザベスアンドジ
ェームス　ピアス／セレフィーナ
バッグ／シップス　サンダル／ジュ
ゼッペ・ザノッティ・デザイン

_174

お休みの日は着ていてラクチンな服装がマスト。ロゴTとピンクのサテンスカートで、
リラックス感がありつつ、適度に華やかなご近所ルックが完成。

Tシャツ／ゲストリスト(ハピネス)　スカート／ロンハーマン　サングラス／アイヴァン7285
ピアス／H＆M　サンダル／トローブティキーズ

[ Styling idea_02. ／Scene ]

scene:casual
# one-mile
## style

COASTLINE

_175
こう見えて、過去3回の
フルマラソン完走経験あり。
時間を見つけては、
自宅まわりを走っています。
ランウェアも普段と変わらない、
地味色のことが多いかな。

パーカ　アボカド、Tシャツ、スニ
ーカー　ナイキ　レギンス　Gap
ヘッドバンド　ルルレモン

scene:casual
# one-mile style

_176

かぶったり、羽織ったり、
いろいろなアレンジができる
カーディガンと、ウエストゴム
サテンパンツの組み合わせ。
ヨガのレッスンとか、
家でのんびり過ごすシーンに。

マルチウェイカーディガン・タンク
トップ・パンツ/トヨガ 靴/ザラ

_177

ゆるっとしたシャンブレーシャツ
＋カットオフデニムという、
超カジュアルコーデは、
自宅の庭で家族とBBQを
楽しむ日に。そして気づけば、
ご近所では帽子スタイル、多し！

シャツ/マディソンブルー リメイ
クパンツ/シンゾーン 帽子/ドゥ
ーズィエム クラスで購入 ブレス
レット/UTS PR(ジェーン スミス)
バッグ/ハイ! スタンダード(サン
キュー) サンダル/ハワイアナス

{ Styling idea_02. ／Scene }

_178
ワンピースはロング丈のものが
好きだけど、電車に乗って
出かける予定がないときは、
こういうひざ丈もいいですよね。
水着の上からさっとかぶって、
近くのビーチに行くときにも◎。

ワンピース・帽子／ロンハーマン　バッグ／メルシー　スニーカー／スペルガ

_179
軽くて暖かく、汗をかいても
冷えない高機能スウェットです。
真冬のランニングも、
これ一枚でOKなんですよ。
あまりにも気に入って、
色違いで黒も購入しました。

トップス・帽子／ザ・ノースフェイス　ショートパンツ／オールドネイビー　レギンス／Gap　スニーカー／ナイキ

_180

トップス／Gap　ショートパンツ／アディダス　レギンス・帽子・スニーカー／ナイキ

_181

カットソー／ウィム ガゼット　パンツ／ザラ　スカーフ／エルメス　サングラス／カトラー アンド グロス　バッグ／クレアヴィヴィエ　靴／バッグレリーナ

_182

ワンピース／quantisi　レギンス／H＆M　サングラス／カトラー アンド グロス　靴／UGG

_183

トップス・スカート／ドレステリア　カーディガン／ベルシュカ　サングラス／カトラー アンド グロス　バックパック／ザ・ノース フェイス　サンダル／テバ

〔 Styling idea_02. ／ Scene 〕

_184

コート／オーラリー　ブラウス／ビューティ
＆ユース　ユナイテッドアローズ　パンツ／
リーバイス　バングル／エルメス　靴／ザラ

_185

トップス／アボカド　レギンス・スニーカー
／ナイキ　帽子／ザ・ノースフェイス

_186

カーディガン／ホープ　ブラウス／イレブン
マーチ　パンツ／ロクで購入　ヘアターバン
／Indira de Paris　ピアス／ダニージョ　バ
ッグ／エバゴス　靴／バッグレリーナ

_187

コート／ドゥロワー　サングラス／レイバン
ストール／ジョンストンズ　バックパック／
ザ・ノースフェイス　スニーカー／アディダス

五明祐子のおしゃれ YES! or NO!?　vol. ⑥ ／ suitable color:

［肌映え編］

# 40代、失敗しがちな色選びについて

大人のおしゃれについて、あれこれ考えているなかで、
私自身が40代になっていちばん変わったことは
何だろうって思ったら、選ぶ色なんじゃないかって。
若い頃は顔映りなんて気にもしなかったけれど、
今は肌がくすんで見える色は絶対に着ません。
数多くの失敗を重ねてきた結果、
好きな色と肌映えする色の2色が目の前にあったら、
迷わず後者を選ぶようになりました。
そのほうが鏡を見たときに気分がよくなるし、
着る回数も増えるから、買うなら断然そっち。
買い物をするとき試着が必須なのは昔からですが、
最近は店員さんに顔色がよく見える色について、
意見を求めるようにしています。
他人の目を気にしたくはないんですけど、
色についてだけは、人からどう見えるかが
とても気になります。40代ならではの悩みですよね。
でもそこで立ち止まってはいられないので、
似合う色を探して常に前進あるのみ！

NICE!

OOPS!

こういうグレーは私には NG。肌映えする色って それぞれ違うから、しっかりした見極めが肝心。

_188

"好き"と"肌映え"が両立した ベージュのタートルニットは、今もこれからも活躍間違いなし。とはいえ、肌の色みは年々変化すると思うので、今後もマメにチェックしていくつもりです。

ニット／ジョゼフ パンツ／ゴールデングース デラックスブランド ピアス／フォーエバー21 バングル(2本)／フィリップ オーディベール、イザベル マラン 靴／ルパート サンダーソン

# 五明祐子のおしゃれ YES! or NO!?　vol. ⑦ / travel:

［ハワイの7日間編］

## 旅のシーン別は楽しくおしゃれに

_189

ラクで涼しいオールインワンを現地調達。
インにチューブトップを着て、
メッシュバッグとトングサンダルを合わせれば、
ハイ、でき上がり！この気軽さが南国ならでは。

オールインワン／アンソロポロジー　バッグ／ヌキテパ
サンダル／ジャックロジャース

_190

帰国日の格好です。機内ではリラックスして
過ごしたいので、着心地のよさが最優先。
シワになりにくい落ち感素材のドット柄
パンツも、ハワイで購入しました。

カットソー／サンドリー　パンツ／アンソロポロジー　サングラス／カトラー アンド グロス　バッグ／ヘレンカミンスキー　サンダル（_189と同じ）／ジャックロジャース

_191

長めの滞在ならストローハットだけでなく、
キャップがあるとコーデに変化がつきます。
洋服の仕分けに使ったエコバッグを、
旅先ではショッピングバッグとして活用。

カットソー／ロンハーマン　リメイクパンツ／シンゾーン
帽子／ドゥーズィエム クラスで購入　バッグ／数年前に
ハワイで購入　サンダル／ハワイアナス

シーンに合わせたコーデ、ハワイ旅バージョンです。
私の旅支度はシワになりにくく、着回しがきくものを適当に選び、
エコバッグに仕分けしてスーツケースに詰めるスタイル。
前もってコーディネートを考えることはしないですね。
南国ならビーサン、かごバッグ、帽子、
白トップスとデニム、あとはストールは欠かせません。
現地調達することもあるけど、気に入ったものがなければ、
洗濯して繰り返し着るような、ラフな感じが好き。

_193

_194

_195

_192

着丈の長いチュニックシャツをワンピース風に。
薄くて軽くて、洗ってもすぐ乾くから、
旅のお供にも最適なんです。もう10年以上
着ているけど、これは本当に手放せませんね。

シャツ／イザベル マラン エトワール　ヘアーターバン／milanahawaii　サングラス（_190と同じ）／カトラー アンド グロス　バッグ（_190と同じ）／ヘレンカミンスキー　サンダル（_191と同じ）／ハワイアナス

_193

プールやビーチへ行くときは、
水着の上にばさっとしたブラウス＋
カットオフデニムが定番。ぬれたり
砂がついても気にしなくていいのがいちばん。

ブラウス／ハリウッド ランチ マーケット　リメイクパンツ（_191と同じ）／シンゾーン　帽子／ドゥーズィエム クラスで購入　バッグ（_190、_192と同じ）／ヘレンカミンスキー　サンダル（_191、_192と同じ）／ハワイアナス

_194

ホテルのレストランで食事という場面には、
カットソー素材のロングワンピースで
大人の女性らしく。合わせたサンダルは
ジャックロジャースのシルバートングです。

ワンピース／ジェームス パース　リング／ネリネ　バッグ／ザラ

_195

ハワイへ旅立つ日は、こんなコーデでした。
仕事後に出発というスケジュールだったので、
私の旅服にしては、これでも少しきれいめ。
足もとのビーサンが浮かれた気分を表していますね。

ワンピース／ジェームス パース　パンツ／エイチティーシー　バッグ（_190、_192、_193と同じ）／ヘレンカミンスキー　サンダル／UGG

| ちょこっとヘアアレンジ！ | Hair arrange : Natural / Dress-up / with Hat / with Turban |

# オトナカジュアルに似合うヘア

Hair arrange:
*Natural*

_196

デイリーなデニムコーデに合う
ナチュラルなダウンヘア。
クセを生かし、ところどころに
アイロンを使ったら、
全体にワックスミストを
もみ込んで完成です。

ブラウス／ミュラー オブ ヨシオク
ボ　パンツ／リーバイス　ピアス／
フラッパーズ（シンパシー オブ ソウ
ル スタイル）　バッグ／雑貨店で購
入　靴／スーパー エー マーケット

[ Hair arrange ]

ロングの時期が長かった30代、40代になって久々にショートにしました！
今はあまり手をかけなくても、それなりに見えるよう、
行きつけのサロンでマメにカットしています。
あまりにもボサボサだったらラフにしばっちゃうか、帽子やターバンでごまかすことも……。
そんな私ですが、ここではヘア&メイクの佐藤エイコさんご協力のもと、
コーデに合わせたヘアアレンジを考えてみました。

Hair arrange:
*Dress-up*

_197

フェミニンなシャツドレスで
ドレスアップする日。目より
上のラインで髪を取り分け、
下の髪をねじり上げて
ピンで固定。取り分けていた
上の髪をかぶせてアップ風に。

ワンピース／アンルート　ピアス／
ブラージュ（ドミニクデネブ）　ファ
ーバングル／フラッパーズ（アロン）
バッグ／シャネル　靴／ミッシェル
ヴィヴィアン

Hair arrange:

_198

着こなしにポイントが欲しいときはハットが便利です。
帽子をかぶったら後ろの髪をサイドに出してボリュームアップ。
前髪は横分けだとコンサバになるので、センターパートが鉄則。

帽子／ローラ　カットソー／ロク　パンツ／サイベーシックス　バングル・チェーンブレスレット／ブラージュ（フィリップ オーディベール）　バッグ／MM⑥　靴／レペット

[ Hair arrange ]

Hair arrange:
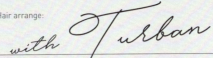
*with Turban*

_199

ニットワンピ+デニムを、ターバンでリラックスした雰囲気に。
顔まわりに髪がかかった状態で、ターバンを上からかぶせます。
耳は出さず、位置はやや前寄り。これが今っぽさの決め手。

ニットターバン／ミュールバウアー　ワンピース／マディソンブルー　パンツ／ザラ　バッグ／セントジョン　スニーカー／ゴールデングース デラックスブランド

# 「ちょっとした心遣いに♡」湘南てみやげ

＼思わず食べて／
＼みたくなる味が／
＼せいぞろい／

＼シーズンごとに／
＼変わる果物が／
＼楽しみ！／

＼この食感に／
＼気づいたら／
＼やみつき／

---

### LESANGES

#### レ・ザンジュの
#### プティ・フール・サレ

缶もおしゃれな塩味クッキー。
チーズやバジル、トマト＆
オレガノなど、ちょっと珍しい
味の詰め合わせです。
甘いものが苦手な方や
男性にも喜ばれますよ。

1缶¥1620。レ・ザンジュ 鎌倉本店
●神奈川県鎌倉市御成町13-35
☎0467-23-3636　◯営10:00〜19:00
無休　http://www.lesanges.co.jp/

---

### KAGETSU

#### 御菓子司 華月の
#### 果乃菓 ふるーつ大福

季節のフルーツと白あんを
組み合わせた大福は、
知人に教えてもらって以来、
自分のためにも買うほどの
お気に入りです。
私的NO.1は〝ぶどう大福〟！

1個¥313〜。●神奈川県藤沢市鵠
沼海岸7-17-15　☎0466-34-1305　◯営
9:30〜18:30　不定休　http://ww
w.kagetu-shonan.jp/index.html

---

### KOSUZU

#### こ寿々の
#### わらび餅

友人宅でいただいて虜に。
都内に住んでいたときは、
鎌倉に遊びに行くたびに
買って帰っていました。
もっちもちの食感が
とにかく最高なんです。

14切入り¥1080。由比ガ浜 こ寿々
●神奈川県鎌倉市由比ガ浜3-3-25
☎0467-23-1192　◯営10:30〜17:30
(販売は10:00〜18:00)　無休　ww
w.kamakuratoday.com/meiten/k
osuzu.html

湘南に暮らして早5年。
仕事の打ち合わせや友人宅への〝てみやげ〟は、
せっかくなら地元のおいしいものを、と思うんです。
そうやってアンテナを張っていたら、
自然と私好みのリストができ上がってきました。
差し上げる相手のこともももちろん考えますが、
迷ったら〝自分が食べたい〟を基準に。

＼ 自宅用を買うのも必ずここ！ ／

＼ 食べやすいフォルムで差し入れにも◎ ／

＼ 愛らしいリスのパッケージも要チェック ／

---

HAMANO SUISAN

### 浜野水産の釜揚げしらす

湘南にはしらすを扱っているお店がいくつもありますが、ここの塩加減と釜揚げ具合が超絶好み。たくさんの方に喜んでいただいています。

170g￥540。●神奈川県藤沢市片瀬海岸1-1-5 ☎0466-22-5931 営9:00～17:30 無休

---

ASHI

### 葦の湘南チーズパイ

パイ生地とサブレ生地を交互にサンドし、エダムチーズを入れて焼き上げたものに、粉糖をかけて仕上げたスティック状菓子。コーヒーや紅茶はもちろん、ワインにもぴったりです。

1箱￥750。葦 平塚駅西口本店●神奈川県平塚市八重咲町12-28 葦ビル1F ☎0463-22-1102 営9:00～21:00 無休(元日を除く) http://www.ashi-cake.com/index.html

---

KAMAKURA BENIYA

### 鎌倉紅谷のクルミッ子

あまりにも有名な鎌倉銘菓。たっぷりのクルミとキャラメルで、ひとつでも満足感のある食べごたえです。見た目も可愛いので女性が多いシーンに最適。

8個入り￥1166。鎌倉紅谷 八幡宮前本店●神奈川県鎌倉市雪ノ下1-12-4 ☎0467-22-3492 営9:30～17:30(土日祝9:30～18:00) 無休 http://www.beniya-ajisai.co.jp/

※このページはすべて税込価格です。

## 五明祐子のモデル・クロニクル

model chronicle:

18歳のときに、non-noモデルとしてデビュー！
とにかく仕事が楽しくて、どんな服が着られるのか、
いつもワクワクドキドキしていました

＼ non-noモデルとして ／
デビュー!!

① 1992年　No.1

② 1992年　No.7

③ 1992年　No.11

④ 1992年　No.20

①洋服が大好きな18歳が、念願かなってnon-no専属モデルに！ 「記念すべき初撮影。緊張しててポーズがめちゃくちゃみたいけど、今でも忘れられない、大切な思い出です」撮影／小倉啓芳　②ロングヘアの頃は甘めの服を担当することが多かった。撮影／近藤達寛　③「この髪型、時代を感じますね(笑)」撮影／近藤達寛　④動物との共演では、表情も豊かに！　撮影／小倉啓芳

model chronicle: non-no

⑤ 1992年 No.22

＼田辺誠一さんとの／
共演はリラックスできて
楽しい時間♪

⑥ 1992年 No.22

⑦ 1993年 No.2・3

＼髪を／
ばっさりカット！

⑧ 1994年 No.16

⑤⑥MEN'S NON-NOモデルを経て、俳優として活躍し始めていた田辺誠一さんと仲良くカップル役で共演。「実は、こちらも私服なんです！ 初めての私服テーマは思い起こせば、このときでした!!」。当時はウィッグがはやって、⑥はショートヘア風スタイルに変身。撮影／近藤達寛 ⑦この特集でも私服を大公開。「チェックのスカートとか、当時と好きな服のテイストがあまり変わってない。それに"頑張りすぎない"というポリシーも(笑)」撮影／小倉啓芳 ⑧髪を思い切って短くカット！ その潔さも五明さんらしい。「ボーイッシュにイメチェンしてはやりの少しスペイシーなメイク&服を着せてもらいました」撮影／西出健太郎

ロゴデザイン／松永 真

123

## 五明祐子のモデル・クロニクル

model chronicle: **LEE** [リー]

初登場は23歳。多くの尊敬する先輩から仕事への姿勢を教わりました。そんな積み重ねを経て、大人気の看板モデルに！ 今後も進化し続けます!!

LEE初登場！

① 1996年 10月号

② 1996年 11月号

③ 2001年 4月号

④ 2001年 7月号

①今に至る軌跡の始まり、LEE初登場はずっと変わらず人気のパンツテーマ。「もうガチガチでした。今思えば、これでよく仕事が成立してたなぁ(笑)」撮影／半田広徳　②こちらもパンツ特集。パンツのテーマに出演することが以前から多かった。撮影／半田広徳　③今も昔もピンクのギンガムチェックとかごバッグがお似合い！　撮影／小倉啓芳　④「タイにて水着ロケ。出発前には筋トレのため、ジム通いもしました！　ロケ先ではスタッフみんな仲良しで、仕事中はもちろん、撮影後もワイワイ遊んで過ごして。すごく楽しかった！」撮影／小倉啓芳

model chronicle: **LEE**

\パリロケに行きました！/

**LEE** ファッション海外スペシャル

人気モデル
五明祐子さんが
憧れのパリジェンヌを
体感

Part.1
本命スポット編
街に出てパリの真髄に触れる

Part.2
ファッション編
日常のおしゃれはパリジェンヌが教えてくれる

# パリ のルールに学ぶ
## おしゃれの極意
*Rule* 15

⑤ 2007年 9月号

⑥ 2008年 1月号

初の
ALL 私服
コーディネート
特集！

⑦ 2014年 5月号

⑧ 2016年 3月号

⑤憧れのパリロケにも行きました。こちらはヴァンドーム広場にて撮影。この頃はフェミニンな巻き髪にフリルワンピというスタイルがトレンドでした。「素敵なマダムになるための極意を学びに。今、なれてるかな？」撮影／和田直美　⑥2007～2008年には巻頭の連載も担当。「"半歩先行くおしゃれ術"を提案するのに、自分なりの法則を楽しみながら一生懸命考えました」撮影／和田直美　⑦このテーマを皮切りに"渾身のオール私服＆セルフコーデ"企画がスタート！「最初は緊張と興奮で、撮影翌日、高熱を出していました(笑)」撮影／水野美隆　⑧「この頃にはだいぶ私服コーデにも慣れてきました」。ボーダーにトレンチにスニーカーという、五明カジュアルを体現する代表的コーディネート。堂々、読者アンケート人気NO.1を獲得！　撮影／水野美隆

ロゴデザイン／松永 真

# Thank you so much!

「洋服が好き！　雑誌が好き！」な私が
モデルの仕事を始めて26年。デビューした18歳の頃、
専属モデルだった雑誌non-noの撮影で、
好きなテイストの洋服を着せてもらって
お仕事するのが毎回とても楽しかった。
撮影現場で素敵だなと思うコーディネートも私服も、
好きなテイストは今も昔もあまり変わっていなくて、
ボーダーカットソーやデニムといったスタイル、
そんなカジュアルがずっと好き！
この本で着ているコーディネートは仕事現場に行くときや
友人と会ったり、家族でお出かけ……などなど。
私が日常生活のさまざまなシーンで着ている
リアルなものばかりです。だから何年も着ていて
かなりくたびれているんだけど、
大好きすぎてどうしても手放せないアイテムを、
本になるっていうのに堂々と着ちゃってるカットが
あったりするのですが…(笑)。
たくさん歩けるぺたんこ靴、着回しのきく便利なアイテム、
長年着ているけど着るたびにウキウキしちゃう
お気に入りもたくさん。
大好きが詰まった一冊になりました。
手に取ってくださった皆さまに楽しんで、見て読んでもらえたら、
そして毎日のコーディネートのヒントにでもなったならとてもうれしいです。
この本を気に入っていただいた皆さま、本書出版に携わってくれた、
長年お世話になっている親愛なるスタッフの皆さまに心より感謝申し上げます。
ありがとうございます!!

五明 祐子

_200

コート／quantisi　カットソー／ルミノア　パンツ／ゴールデングース デラックスブランド　ピアス／MIZUKI　カフ／スピック＆スパン(ソーコー)　バッグ／エバゴス　靴／バッグレリーナ
※コーディネートはカバーと同じ

profile :

ごみょう・ゆうこ●1973年2月9日生まれ。
神奈川県横須賀市出身、湘南在住。AB型。
18歳のときにnon-noモデルとしてデビュー後、
数々の女性誌や広告に出演。
最近はテレビにも活躍の場を広げている。
自身のブログ「オキラクDays」
https://ameblo.jp/gomyo-yuko/
またInstagram@gomyoyukoでも、
大人カジュアルなコーディネートを発信中！

Staff :

モデル／五明祐子　ちくわ＆おもち(愛犬)
人物撮影／水野美隆(zecca)
静物撮影／魚地武大(TENT)
ヘア＆メイク／佐藤エイコ(ilumini)
吉岡美幸(_064、_074、_105、_149、_156、_158)
渡辺みゆき(_188)
麻生陽子(ilumini／
_027、_029、_036、_038、_107、_148)
スタイリング協力／石上美津江
取材・文／葛畑祥子
アートディレクション／藤村雅史
デザイン／高橋桂子(藤村雅史デザイン事務所)
撮影協力／Days 鵠沼　COASTLINE

## 永遠にカジュアル好き！
## Coordinate 200

著者　五明祐子

2017年10月10日　第1刷発行

発行人／海老原美登里
発行所／株式会社 集英社
〒101-8050　東京都千代田区一ツ橋2-5-10
編集部　TEL 03-3230-6340
読者係　TEL 03-3230-6080
販売部　TEL 03-3230-6393(書店専用)

印刷所／大日本印刷株式会社
製本所／ナショナル製本協同組合

定価はカバーに表示してあります。造本には充分注意しておりますが、
乱丁・落丁(本のページの順序の間違いや抜け落ち)の場合はお取り替えいたします。
購入された書店名を明記して小社読者係宛にお送りください。送料は小社で負担いたします。
但し、古書店で購入されたものについてはお取り替えできません。
本書の一部あるいは全部を無断で複写・複製することは、法律で定められた場合を除き、著作権の侵害になります。
また、業者など、読者本人以外による本書のデジタル化は、
いかなる場合でも一切認められませんのでご注意ください。

※本書に掲載されているアイテムは著者の私物です。クレジット記載のないアイテムについてはブランドやショップ名が不明のものです。
現在、手に入らないものも多数ありますので、ご了承ください。
またブランドへのお問い合わせはご遠慮いただきますようお願いいたします。

©gomyoyuko 2017  Printed in Japan
ISBN978-4-08-780813-1  C2076